根本

元然理天王教你從後天修回先天
讓身心靈達至真善美境界

陳致宏 著

根本

目錄

前言

愛護地球呈現真善美

如今我們的世界如佛所說五濁惡世，工業科技提升了人們的便利性，但卻是汙染了我們的環境。天災地變，經濟蕭條都是百年來最大的，為什麼？因為生命的核心是緊密連結在一起的，所有一切都相互連繫，沒有任何東西能自給自足。水和空氣、陽光全都不可分割，它們為了地球上眾多的生命和人類的生命而結合，共享存在地球上。生命是個謎，地球是個奇蹟，是如此美好。不同動物的形成像是依著既定規律，或是如宗教儀式般的規則相聚合，代代相傳至今日。偉大的生命在地球上演化，每種生物皆有自己角色和任務，沒有一種生物是多餘或有害的，他們彼此間互相平衡。

聰明的人類享有歷經一百五十億光年的宇宙所孕育出太陽系的地球，地球累積四十億年的大自然資產。人們征服擁有大部分的土地、海洋所有資源，用工業科技大量提升食、衣、住、行、育、樂所需的用品，多到浪費而不自知。過度的栽種，消耗掉人類所需用水量的百分之七十。

高度發展的國家，所需的肉品很多，為了更多的肉品產量，要更快更多，就採用集中式管理生產，廣闊的飼養場一望無際。數百萬的牲口、寸草不生的土地、數以萬噸的飼料，一車一車的運輸進飼養場，為了牲口可以快速長大，可以變成更多的肉品，激素的大量使用，大大的縮短牲口的成長期。

五十年來，人們使用高科技來補魚，使用機械式的捕魚方法，為了更多的漁獲量，日夜不停地捕抓。船隻越來越大，噸位越來越重，大量消耗海洋資源，岌岌可危而不自知。我們正在摧毀上蒼給我們的地球萬物資源，四十億年的資產。

民生用品，大量砍伐樹木森林，大量獲得木材，為了更多的飼料、糧食、工業用油，大量開發土地種植玉米、大豆，提煉工業用生化用油。

因應工業快速發展，人們為了獲得更多的資源，大肆開發土地、石油、鐵、煤、水泥等各種礦物，造成各種汙染。二氧化碳大量充斥空中，造成南北兩極的冰原快速融化。大量沼氣上升，加速了地球溫室效應，嚴重破壞地球金木水火土的生態平衡，人類盲目追求物質生活。

近十五年來的天災皆是百年最大，和四十年前相比，南北兩極冰冠的厚度已減少百分之四十，我們將會因為自己的行為付出昂貴的代價，全世界人類都要面對。全球百分之七十的城市處於海岸線或河口，當海水上升，鹹水會侵入地下水，令居民失去飲用水，人口遷移將不可避免。人們只有不到十年的時間可逆轉暖化的趨勢，來避免人類闖入這未知的更大危險領域。

水、空氣、陽光和生命形態全都密切相連，世界人口的百分之二十消耗地球百分之八十的資源，每天有五千人因骯髒的飲用水而死亡，十億人口喝不到安全的飲用水，接近十億人口在飢餓邊緣掙扎。

全球穀物貿易量的百分之五十用以餵養牲口或做生化燃料，每年有1,300萬公頃的森林消失，四分之一的哺乳動物、八分之一的鳥類和三分之一的兩棲動物瀕臨絕種，物種死亡的速度快了1,000倍，四分之三的漁場已枯竭、廢棄或處於危險的衰退狀態。

應該是我們聚首反思，反省自己的時候了，重要的不是已經失去了什麼？而是我們現在還擁有什麼？我們仍然擁有半個地球的樹林，數以千計的河流、湖泊、冰川和繁盛的生物、物種。我們知道解決方法，就在那裏等著我們去實踐，我們都有改變世界的能力。

生命來自宇宙。浩瀚無際的宇宙，孕育兆萬億的銀河星系。故佛說一沙一世界，一花一天堂。無限掌中置，剎那成永恆。一花一世界，一樹一菩提。即是說明微觀宇宙。

人乃父精母血結成胎元，胎兒在母體中由羊水保護成長於子宮之中。如太極兩儀般形成了五行八卦，成為小宇宙。在母體中因有臍帶作用，故而能生存於羊水中而不溺。一旦小宇宙初成便是脫離母體由先天進入後天，開始經歷生命過程。一切的存在都是無數生命體所構成，不論形式，如卵生、胎生、化生等等各種生命的組成而來，卻包含著塵世間的因果。貫穿宇宙世間之物便是「道」，「道」乃是大愛，無所不容其中，包含萬物、萬有。「道」在那？存在於人之本心。故人握（拳）權而來，撒手而歸，最後帶走的是心靈因果。

二十一世紀人類基因解碼之後，原來毛髮、指甲中的DNA可複製功能，可以藉由精神力和我們相呼應，生生不息。因為世界乃是量子所形成，只要用我們的精神力即可引導量子改變。這種傳輸，無遠弗屆。吾即是宇宙，宇宙即是吾。

如何讓人們的小宇宙，連結到大宇宙，便是我們人生的課題。一切需用心體悟自然之「道」，如同胎兒與母體因臍帶連結一般，吸收、成長、茁壯，從而歷練成真、成聖、成仙、成佛、成神。故而我們都是準備成為神佛之人。

三教聖人傳世經典，其秘奧玄機，雖散之萬殊，歸為一本。倘能依法修持，皆能超生脫死，證聖成真，輪迴永免，快樂自在。

現今我們所處的的地球，因為人們追求物質享受，過度開發。造成環境破壞汙染，忽視身、心、靈的平衡成長，造成目前的環境危機。

宇宙有強大的能量，孕育無數星系。我們每個人當可運用宇宙之能來改變我們的環境。提升我們的身、心、靈，達至真、善、美的境界。

宇宙能量充滿於我們所處的空間之中，只是我們看不到、摸不到，如太陽能板利用光能轉換成電能、熱能，如手機可傳輸我們所需的各種知識功能。

我們中國有三皇五帝傳世經典，教導我們如何修練自身，如何運用宇宙能量。亦可運用宇宙塔之能，快速提升自我成長來改變環境，創造自我的天地。讓生命生生不息傳承下去。利益眾生，利濟人天。

先天之道

《修真圖》剖析

《修真圖》又稱「丹成九轉圖」，遠溯老子、呂純陽、陳摶、張三豐祖師一脈。幾百年來，在丹道界有著深刻的影響，為儒釋道三家所推崇。該圖是圓融三教的修持規範，儒釋道三大流宗公認的一張修真用的完整藍圖，是傳統氣功修持的教學大綱。

圖中記錄了從百日築基開始，到修真的最高層為止，甚至包括道家的羽化飛升，佛家的如來大定，光化虹解，儒家的浩然正氣，均未離開這張圖。

當前，氣功學術界各門派諸種修持的層次方法，均未超越《修真圖》所示的範疇，而著書立說均未說清楚本身所示的修真次第，諸門派所提出來的理論僅是修真的管窺而已。

《修真圖》是道教著名的丹道修煉圖，與《內經圖》齊名，也是隱喻著道家頂級修煉功夫：丹道修煉的訣竅，其出處及歷史已不可考，張果老祖師曾云：「修真圖中有妙訣」。

圖中的中柱軸體是複雜的整體，以各部位人身的構造功能來導示「氣化修真」，表示諸中次第和清晰的修持層次。即傳統的行功：煉精化氣，煉氣化神，煉神還虛，煉虛合道的完整過程。

《修真圖》又有《丹成九轉圖》之說，反念為「圖轉九成丹」，這也是告訴人們，傳統的煉丹要通過九個複雜的層次，才可達到一個完整的境界。

所謂內丹：是以人體喻爐鼎，精、氣為藥物，以神運精氣，通過意念修煉而結丹藥者，即內丹，亦稱聖胎。（註1）

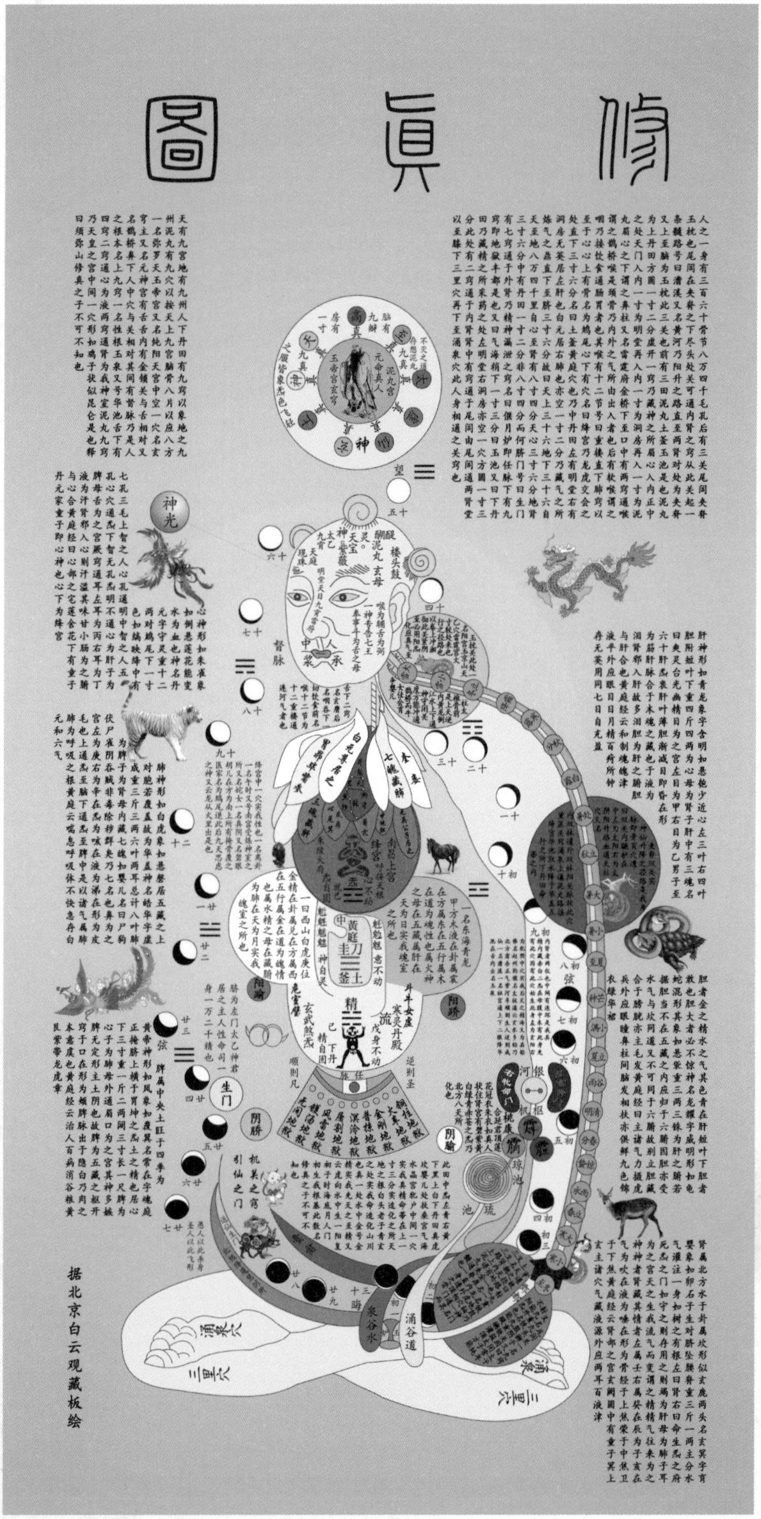

「元命真人」是經過修煉後所形成的真正自我，是自己的真性；未經修煉的人，是不健全的人，在修持過程中，逐步完善修煉自己，經過自然的統一淨化，而達到心理、生理處於最佳的狀態。

天一生水，先天腎水（元氣），後天脾胃（土）。先天元氣是生命存在的動力，有先天元氣，有後天飲食，這樣人就有了生存的基本條件。這也就指出修真是從後天入手，用後天的手段和方法去彌補先天的不足，從而來修持真正的自我，形成完整的人。（註2）

《修真圖》內文

圖右翼卷首

人之一身，有三百六十骨節，八萬四千毛孔，後有三關：尾閭、夾脊、玉枕也。

尾閭在脊椎之下盡頭處，關可通內腎之竅。

從此關起一條髓路，號曰漕溪，又名黃河，乃陽升之路，直至兩腎對處為夾脊，又上至腦，為玉枕。此三關也。

前有三田：泥丸、土釜、玉池是也。

泥丸為上丹田，方圓一寸二分，虛開一竅，乃藏神之所。

眉心入內正中之處天門，入內一寸為明堂，再入一寸為洞房，再入一寸為泥丸。

眉心之下謂之鼻柱，又名雷霆府。

金橋下至口中有兩竅通喉，謂之鵲橋。

喉是頸骨，乃內外之氣所由出入者也。

後有軟喉謂之咽，乃接飲食，通腸胃者也。

其喉有十二節，號曰重樓。

直下肺竅，以至於心，心上有骨，名為鳩尾。

心下有穴名曰絳宮，乃龍虎交會之處。

直下三寸六分，名曰土釜，黃庭穴也，乃中丹田。

左有明堂，右有洞房。無英居左肝也，白元居右肺也。

亦空一寸二分，乃藏氣之所，煉氣之鼎，直下至臍三寸六分。

故曰天上三十六，地下三十六。

自天至地八萬四千里，自心至腎有八寸四分。

天心三寸六分，地腎三寸六分，

中有丹田一寸二分，非八寸四分而何？

臍門號曰生門，有七竅通於外腎，

乃精神漏泄之竅，名曰偃月爐，即任脈。

下有九竅，地獄豐都是也，又曰氣海。

稍下一寸三分，曰玉池，又曰下丹田，乃藏精之所，采藥之處。

左明堂，右洞房，亦空一穴，方圓一寸三分。

此處有二竅通於內腎，腎中有竅通於尾閭。

由尾閭通兩腎堂，以至膝下三里穴，再下湧泉穴。

此人身相通之關竅也。

圖左翼

天有九宮，地有九州。

人之下丹田有九竅，以象地之九州。

泥丸有九穴，以按天上九宮。

腦骨八片，以應八方。

一名彌羅天玉帝宮，又名純陽天宮。

中空一穴，名玄靈（穹）主，又名元神宮。

有舌，舌內有金鎖關，與舌相對，又名鵲橋。

鼻下人中穴，與關相對，其間有督脈，乃是人之根本，

名上九竅，一名性根玉泉，又號華池。

舌下有四竅，二竅通心，為液。

兩竅通腎，為氣。神室泥丸九竅，乃天皇之宮。

中間一穴，形如雞子，狀似崑崙是也。

釋曰須彌山。修真之子，不可不知也。

心，圖左翼第二區

心，神形如朱雀，象如倒懸蓮花，能變水為血也。

神名丹元，字守靈，重十二兩，

對鳩尾下一寸，色如縞映絳，中有七孔三毛。

上智之人，心孔通明。

中智之人，五孔心穴通炁。

下智無孔，炁明不通。

心為肝子，為脾母，舌為之宮闕。

竅通耳，左耳為丙，右耳為丁。

液為汗，腎邪入心則汗溢，其味甘，小腸為之腑，與心合。

《黃庭經》曰：「心部之宮蓮含花，下有童子丹元家。」

童子即心神也，心下為絳宮。

肺，圖左翼第三區

肺，神形如白虎，象如懸磬，居五臟之上，對胞若覆蓋，故為華蓋。

神名皓華，字虛成，重三斤三兩，六葉兩耳，總計八葉。

肺為脾子，為腎母。

內藏七魄，如嬰兒，名曰：尸狗、伏屍（矢）、雀陰、吞賊、非毒、除穢、群臭，乃七名也。

鼻為之官，左為庚，右為辛。

在炁為咳。在液為涕。在形為皮毛也。

上通炁至腦，下通炁至脾中，是以諸炁屬肺，肺為呼吸之根。

《黃庭》云：「喘息呼吸體不快，急存白元和六氣」。

脾，圖左翼第四區

脾屬中央土，旺於四季，為黃帝，神形如鳳，象如覆翼，名常在，字魂庭。

正掩臍上，橫於胃，坤之炁，土之精也。

居心下三寸，重一斤二兩，闊三寸，長一尺。

脾為心子，為肺母，外通眉，口為之官。其神多嫉。

脾無定形，主土，陰也。

故脾為五臟之樞，開竅於口，在形為頰。

脾脈出於隱白，乃肉之本意處也。

腎，圖右翼第四區

《黃庭經》云：「治人百病消穀糧，黃衣紫帶龍虎章。」

腎屬北方水，於卦屬坎，形似玄鹿兩頭，名玄冥，字育嬰。

象如卵石子，生對臍墜腰脊，重三斤一兩，主分水氣，灌注一身，如樹之有根。

左曰腎，右曰命門。

生炁之府，死炁之門，如守之則存，用之則竭。

為肝母，為肺子，耳為之官。

天之生我，流氣而變，謂之精。

精氣往來，為之神。神者，腎藏其情者。

左屬壬，右屬癸。在辰為子亥。
在氣為吹，在液為唾，在形為骨。
經於上焦，榮於中焦，衛於下焦。
《黃庭經》云：「腎部之宮玄闕圓，中有童子冥上玄；主諸六氣藏液源，外應兩耳百液津。」

膽，圖右翼第三區

膽者，金之精，水之氣，其色青，附肝短葉下。
膽者，敢也。膽大者，必不驚。神名龍耀，字威明。
形如龜蛇混形，其象如懸袋。重三兩三銖。為肝之腑。
若據，膽當不在五臟之內，應歸於六腑，因膽亦受水氣，與坎同道。
又不可同於六腑，故別立膽臟，合於膀胱，亦主毛髮。
《黃庭經》曰：「主諸氣力攝虎兵，外應眼瞳鼻柱間；腦髮相扶亦俱鮮，九色錦衣綠華裙。」

肝，圖右翼第二區

肝，神形如青龍，字含明，象如懸匏。

少近心，左三葉，右四葉，膽附短葉下，重四斤四兩。

為心母，為腎子。肝中有三魂，名曰：爽靈、胎光、幽精，目為之官，左目為甲，右目為乙。

男子至六十，肝炁衰，肝葉薄，膽漸減，目即昏。

在形為筋，肝脈合於木，魂之臟也。

於液為淚，腎邪入肝，故多淚。

膽為肝之腑，膽與肝合也。

《黃庭經》云：「和制魂魄津液平，外應眼目日月精，百疴所鍾存無英，用同七日自充盈。」

煉功之道

無漏之身，六根不漏

一、吸氣提肛。男士陰莖內縮，女士陰道內縮收腹，水火相濟一炁過會陰，沖上尾閭關。陽炁，火上行督脈。

二、眼乃神之處，閉目養神，眼觀鼻心，神守於心，絳之位，自然不動，眼根不漏。

三、耳乃精之處，耳不聽外物，不被聲音干擾，意守玄關，耳根不漏。

四、鼻口皆為氣之處，閉口吻齒相合，舌頂上齶，舌根不漏。吸氣呼氣皆用鼻。但須緩慢綿長，鼻根不漏。

五、一念不起，一意不散，六欲不起，六塵不染，如如不動，意根不漏。

六根不漏才能煉丹，靜坐乃固本培元，吸收天地靈炁，達到天人合一，成就金丹大道。

天有五賊，見之者昌，大衍之數五十，其用四十有九，遁去其一，乃為太初一炁。

（因緣具足，以期頓悟）（境若到，神通法力自現）

一炁入百會，重返先天，超脫輪迴。

煉功四階段及其產生的功能：

煉精化炁：身體開始產生大量的安多酚、肽和骨髓液修復大腦海馬體，修復受損細胞和再生能力。

煉炁還神：具備理解力、影響力和創造力。

煉神還虛：具備溝通天地之心，駕御之力。質能轉換之能。

煉虛合道：具有枯木逢春之能，金丹大成。精神不死萬萬年，天賦神通現。

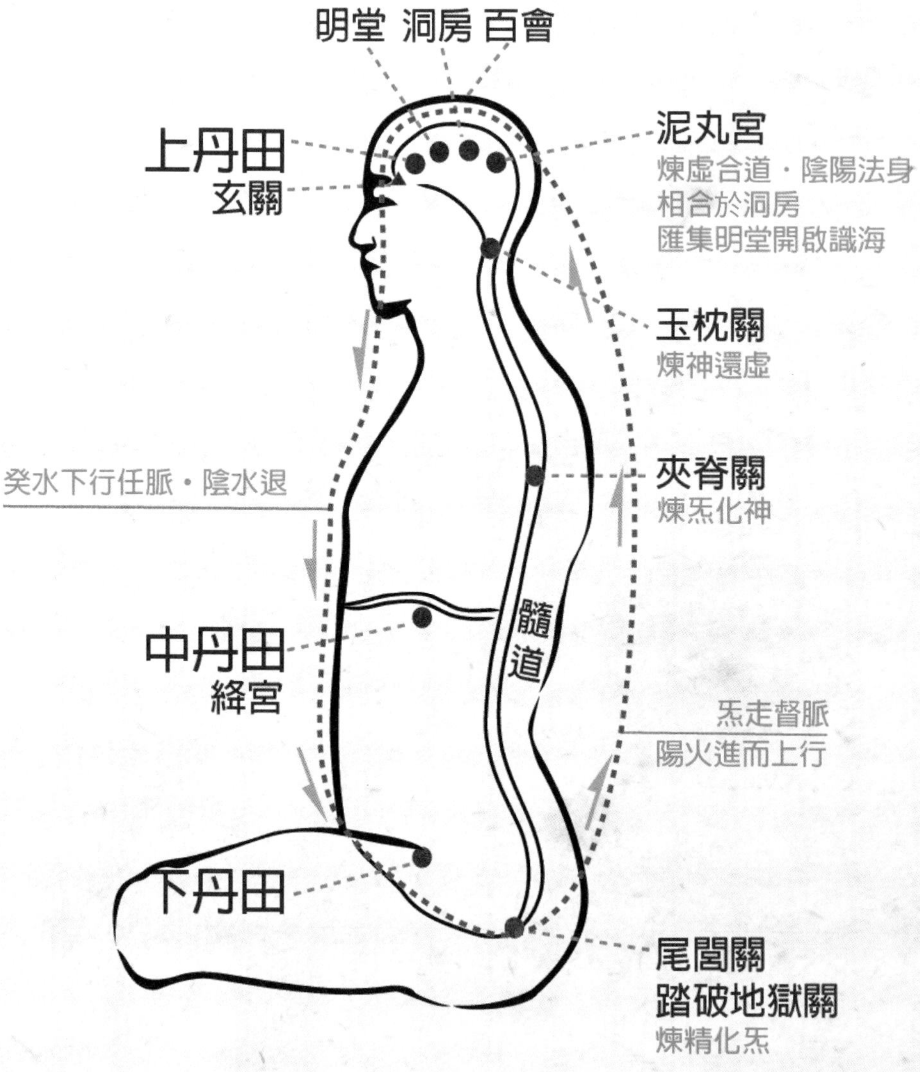

強身健體功：

1. 利用深呼吸法，在吐納之間疏通奇經八脈

2. 利用雙手拍打全身達到活血化瘀的功效，強壯五臟六腑之功。

3. 利用雙手手指梳頭、扣齒、掏耳、漱口

4. 站樁利用樁板刺激腳底穴道，樁板具有拉筋作用可震拉身體八脈，達到排毒作用。

煉精化炁：

意守玄關，神凝於心，氣入丹田。靜坐應遠離顛倒夢想，腦中不可有意念。須用心神感悟氣機於身於丹田，若是腦中有意念，修煉日久必會走火入魔。

靜坐時陰陽二炁交會於口，便會產生津液，吞下津液以其滋潤中丹田絳宮中之心神。日久心神便會茁壯形成元神。此時丹田因氣機充滿便會自行旋

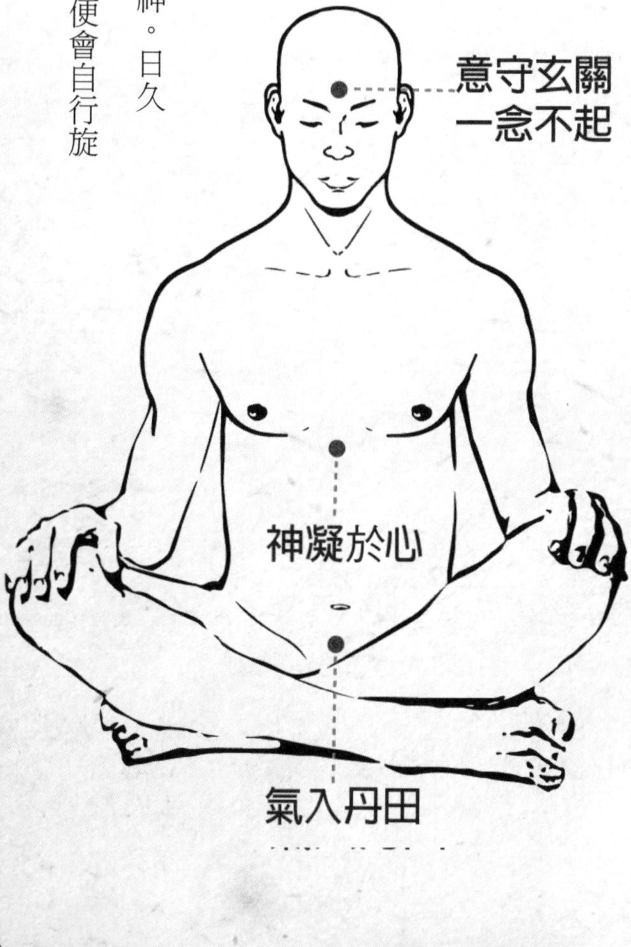

轉形成玄珠。玄珠乃金丹的前身。

用心神感悟陰陽之道。木之元素、火之元素、土之元素、金之元素、水之元素，合於五臟，肝、心、脾、肺、腎，形成五行之氣滋養五臟之積，進而全身氣血充盈存於五臟六腑之中。

木之德：

條達向上，自顯虛榮，賴土而立，借水而生；
風姿秀麗，骨骼修長，有風相依，譁眾取寵；
濕火助之，趾高氣揚，水生則茂，水枯則喪；
春令之時，出露頭角，得意非常，獨攬春色；
夏令之時，狂傲至極，暴露無餘，目空一切；
秋金收殺，棄葉求靜，任人宰殺，獨樹赤條；
冬令收藏，志在下行，保全實力，隱伏待春。

火之德：

熱情向上，光明磊落，借木之屍，還火之魂；
性急雄辯，不自量力，孤注一擲，全力以赴；

焚木銷金，熱水移物，內空則旺，急於求成；
焚畢成灰，冷若冰霜，色濁無情，輕身化土。

土之德：

沉著厚重，冷靜誠信，博大無垠，生載萬物；
逢木亦新，遇火則堅，見水也柔，遇金祥和；
胸懷坦蕩，緣不棄棄，木欲求之，立足之地；
水欲求之，一席之流，火欲求之，甘做支撐；
金欲求之，有求必應，自生自化，生生不息。

金之德：

剛毅果決，個性頑強，秉性好殺，英勇豪傑；
愛憎分明，有勇無謀，性寒心冷，擲地有聲；
逢木則雄，用武之地，遇火則銷，缺乏防範；
見水則沉，無視陷阱，利刃易折，鈍刀完好。

水之德：

沉著內向，曲折潤下，順勢而流，矢志不移；

無所不在，生養萬物，功高不居，自甘下行；
熱時化風，冷時冰凝，見風則皺，遇火亦溫；
水無定體，方圓隨境，靈活機智，無孔不入；
靜則清明，安靜祥和，自守其靜，玄妙幽深；
動則雄壯，決堤而吼，以柔克剛，戰無不勝；
親密無間，觸之而滲，淨化自潔，潔身自愛。

欲成大器者應具備：木的條達、火的向上、土的廣博、金的剛毅、水的智慧。（註3）

用心神對應感應天上九大行星之運轉，木、火、土、金、水，五星之週期影響。

中國早期的指南車至現代的陀螺儀、陀飛輪手錶皆是對時間、空間的延伸表現，皆乃參照天地之力而成。這就是體悟而得到創造力。

由於下丹田如同磁力室分陰陽極，氣入丹田，氣乃陰陽二氣如同軸心一樣。心神乃如能源不斷輸出能量至丹田，意如運轉之師，三者合一不斷吸收運作，日積月累必能久煉成鋼一般堅固。此時若是領悟五行之精，使五行之氣充沛至丹田中，下丹田便形成如球狀之氣體形態。此時因凝煉火侯已成便是形成龍虎之象，玄珠已成。準備進入下一階段，煉炁還神。

煉炁還神：醍醐灌頂，由功力高能之大法師加持學員，元神開啟。

人體的丹田就好比一個磁力室一樣，因煉氣而形成的玄珠在丹田中不斷旋轉壓縮成炁。

就像馬達的原理一樣，地球乃是陰陽、正負兩磁極。人體也是左右陰陽兩氣，原理是相通的，人體受到地球兩極影響，所以人體產生十二時辰生理時鐘運轉人體五臟六腑、奇經八脈。因煉精還炁的時候，意守上丹田、神凝中丹田、氣結下丹田。經過百日的靜坐練功，相信都準備好進行第二階段，煉炁還神。為什麼會寫這個炁字，因為人體精氣神三合一所產生的氣已經質量改變，形成真炁，故而書寫成炁字。

靜坐時我們的神在中丹田與心合，心乃是輸送血液於全身提供身體能量。此時心神交用於下丹田中的玄珠，運轉壓縮形成真炁，疏通遊走於我們的奇經八脈，達到體質改變而擴充經脈，不斷沖刷我們身體的毒素進而排出體外達到洗筋伐髓之效。此時身體自會排出毒素，因下丹田中的玄珠不斷壓縮凝煉，無形之中我們的中丹田中的神，上丹田中的意就也是不斷的凝煉鍛造中。

上丹田中的意志凝煉溫養，中丹田的心神操控運作，下丹田中的玄珠凝煉壓縮。

我們的心神要體悟天地之道、萬物生養作息，故而提供《太玄准易圖》來做說明體悟之用。進而認識了解北斗七星、左輔、右弼這九星，並且體悟這九星之作用力，得以運用這九星之力引入上丹田中和意志相合，達到九星歸入九宮當中形成識海。

太玄准易圖對應天星圖

依此十二辟卦與二十八星宿，
即可知節氣與天文星相之變遷。

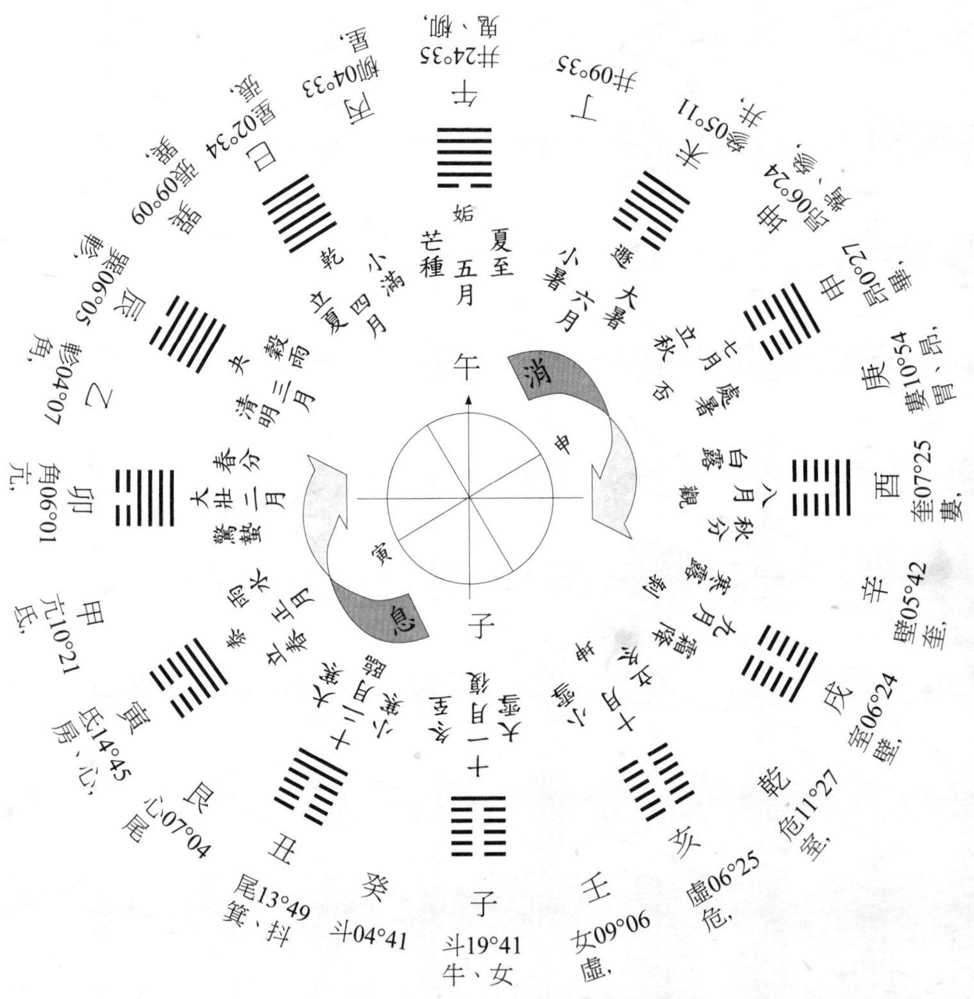

日右行，舍二十八宿。

斗左行，建十二辰。

冬至子月，日陽舍丑宮，西元 2005 年，冬至日陽舍尾宿 13° 49。

（西元前，漢初朱震《太玄准易圖》：日舍牛初度。）

《易經》即以十二辟卦的復、臨、泰、大壯、夬、乾和姤、遯、否、觀、剝、坤，分別代表了一年中的十二辰，從卦象及爻位的陰陽升降變化體現了天地自然界之間，陰陽二氣的消長、生息過程。

當今，還存在於農民曆（陰曆）內記載，也一直被當代人所標示節氣及天星。

資料來源：香冠柏老師 之文章：「《太玄經准易圖》對應二十八星宿」

網址：http://blog.udn.com/tsao144/6468322

當上丹田中的意志轉換成精神力，下丹田中的玄珠凝煉成型時，精神力下行、玄珠之炁上行和中丹田中的心神交會結合，即煉炁還神大成，心神提升為元神。

人體九宮乃在泥丸中，此時元神主導下丹田玄珠歸位，人體小宇宙初成，丹田中產生鴻蒙之氣，有如初始星雲一般運轉之。體悟八卦之意為小宇宙之基礎，體悟天體運行之理，承接二十八星宿之力，鑄造自身精進。

宇宙同體，太陽系乃受銀河系運作中的一個星系之一。二十八星宿即主導太陽系之師，北斗七星乃此銀河系的運作之權柄。故欲得權柄之力必入紫微宮北極星，宮中有一天尊乃是斗姥。此時，準備進入先天八卦和後天八卦之相合於自身。乃地球的五行八卦和天上的五行八卦之力，融合於一身之中，準備進入「煉神還虛」之境。此乃心不隨境轉而心能轉境，了結因果超脫生死之道。

煉神還虛：重歸先天，赤子心，純真意，直指本心，諸相非相，明心見性，豁達無礙。

元神為權柄，感應溝通天上二十八星宿運轉之機，得到諸星宿認同承接四神獸之力於人體四肢。

五臟五星合四肢四神獸於身體，即五臟六腑具備天地之力進入虛空之境。

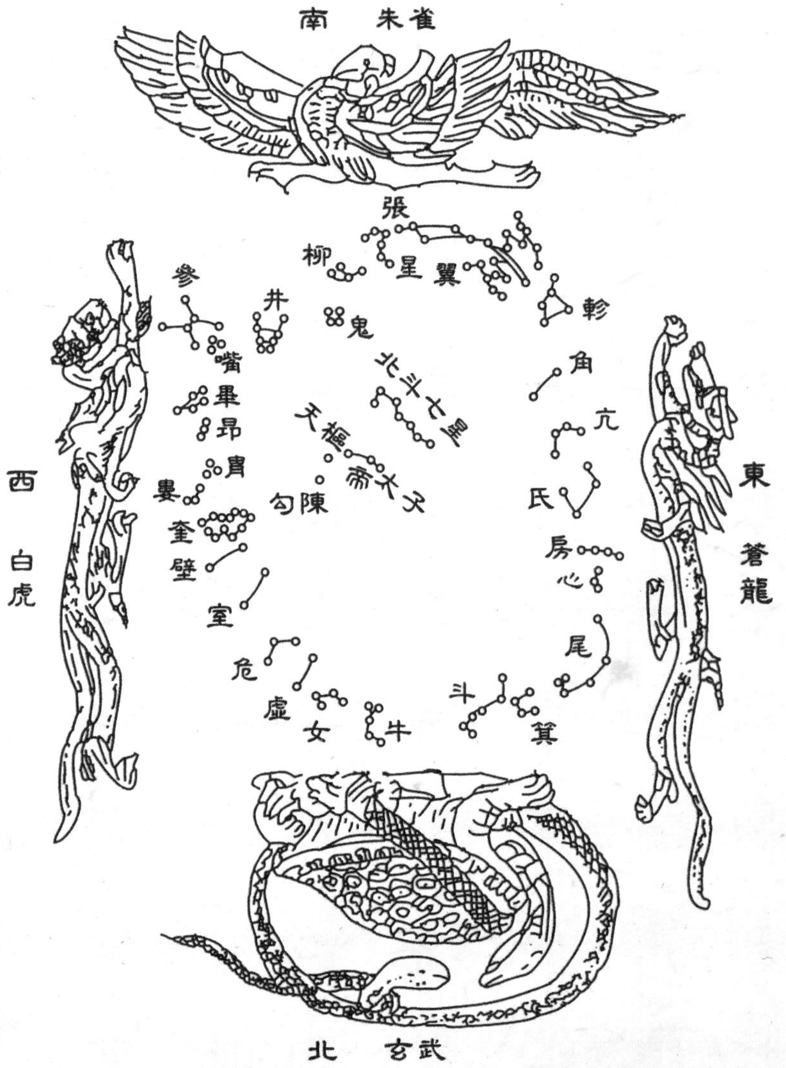

元神體悟天道運行包容萬物之心，成、住、壞、空自然之道，不喜不悲，慈悲自現。了悟生死，了結因果化解自身業力，期超脫輪迴，脫出三界。三步一景，五步入曲，十步成畫，百步至境。

左青龍、右白虎、前朱雀、後玄武。

意到境到，陣勢天成，自身宇宙大成，成就金剛不

壞體。

煉虛合道：心境到了，境界自然就到。心有多大，世界就有多大，惟在包容。

道家無為，佛家慈悲；道乃包容萬物，佛乃四大皆空。

煉虛合道即指本心修煉證道，悟到了便知。天有五賊，見之者昌。

煉神還虛和煉虛合道乃是境界昇華，用文字無法詮釋清楚，只能用心體悟之，或由法師引導進心境之中來感悟。元神和識神交會於洞房、進入明堂，成就蓬萊大羅金仙。此時金丹大道成矣，開啟五眼六神通，重歸大千世界自由自在永恆不朽，來去自如無界限。

内經圖

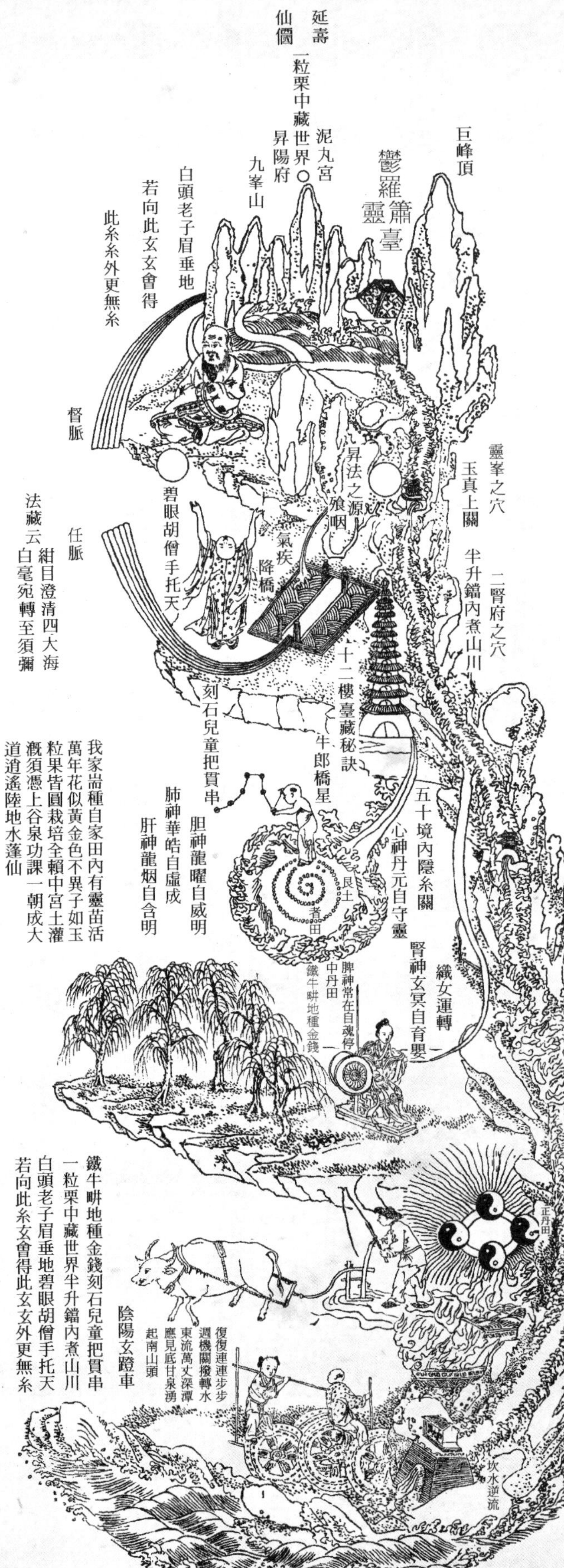

此圖向無傳本緣丹道廣大精微鈍根人無從領取是以罕傳於世予偶於高松山齋中檢觀書畫此圖適懸壁上繪法工細筋節脉絡註解分明一一悉藏竅要展玩良久覺有會心始悟一身之呼吸吐納即天地之盈虛消息苟能神而明之金丹大道思過半矣誠不敢私爲獨得爰急付梓以廣流傳
素雲道人　劉誠印敬刻并識　板存京都白雲觀

纂修　武爾夫　迪特里希

《內經圖》重要名詞解說

練功者閉目靜坐，鼻吸清氣，使吸入之氣下降臍下（丹田），過肛門而沿督脈尾閭（下關）上行，經夾脊（中關）至玉枕（上關），到頭頂之百會，入泥丸（上丹田，或以兩眉間為上丹田），順面部至舌與任脈接，至前胸部膻中（中丹田）而下，至下丹田復沿原路循行，即一小周天。練功者可根據自己的身體情況與疾病，決定收氣存想其處，以達到強身祛病、延年益壽的目的。

按道家認為：上中下三丹田，上中下三關打通後，則任、督二脈可循環周流，氣血充足於奇經八脈，就能達到增強體力，抵抗疾病，延年益壽甚則不老神仙。

上丹田：為百會所在，亦即泥丸宮、昇陽府、昆侖墟、靈台、須彌山等各種命名。其中玄關所指在兩目兩眉與額、鼻骨之十字中心處，認為是入道之門，或泛指氣功基礎，認為是天地靈根，是祖竅、祖氣，至寶至貴。

中丹田：為膻中所在，為自承漿下十二層樓（指喉管）至黃庭（指人體內中虛空竅，或在心之下），以牛郎代表心為陽，孕育七魄，溝通北斗七星。有肝膽脾均各自專職，共同耕種心田，故有「我家專種自家田，可育靈苗活萬年……灌溉須憑上谷泉（指舌頂上顎，所謂白頭老子眉垂地之炁液至上鵲橋），功課一朝成大道，逍遙陸地水蓬仙」。

下丹田：即正丹田，在臍下，或有稱為氣海，藏命之所，以織女代表腎，為陰性。按道家以織女喻腎，為真陰，在卦為坎；以牛郎喻心，為真陽，在卦為離，陰陽合則為真夫妻，陰陽合則生丹藥，所以還有坎離交媾，男女媾精陰陽合而生丹藥之喻，心腎交，水火交，龍虎交之類等等。

尾閭關：為下關，在人體尾骶骨之末節，或指長強穴之所在，為任脈向督脈過渡之處，亦為任脈之陰與督脈之陽交會之所。水火之際曰尾閭關，或稱為天人合發之機，子母分胎之路，精氣聚散常在此處，水火發端也在此處，陰陽變化也在此處。道家認為此穴係乃人生死岸頭，仙家稱為生死窟，可見其多麼重要，也是修煉通關最難處。

夾脊關：即轆轤關，為中關，為練功陰陽和合上行的第二關。煉炁還神，氣血充足，精氣神合一直通上行，如絞盤汲水。

玉京關：為上關，即玉枕，位在枕骨粗隆上緣。腦後曰玉枕關。由此上行則可會於泥丸宮，完成任督二脈通，達到任督二脈迴圈周流，當然至關重要。（註1）

自身真炁和天地靈炁匯集泥丸宮，孕養陽法身（元命真人），以其陰陽法身，合於洞房，開啟明堂，成就識海大成。

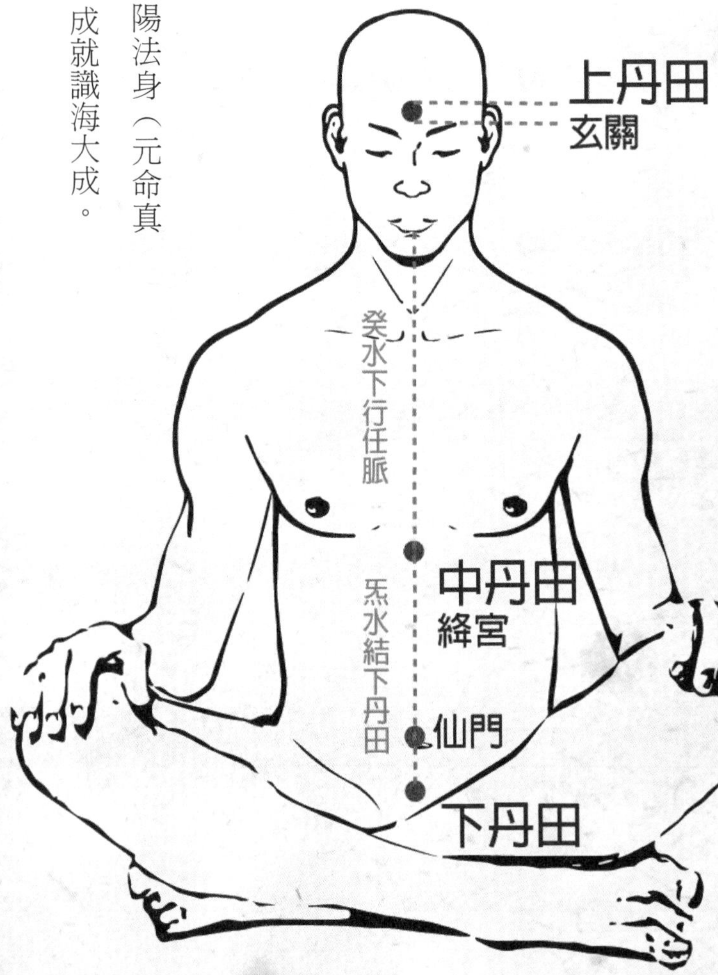

十二經路與奇怪八脈介紹

手太陰肺經　3AM～5AM

主治：喉、胸、肺病以及經脈循行部位的其他病症。如咳嗽、氣喘、咳血、傷風、胸部脹滿、咽喉腫痛、手臂內側前緣痛、肩背寒冷、疼痛等症。

穴位走向：起於中府，止於少商，從胸部到手，左右各十一穴。

原穴是太淵穴。

對應的器官：呼吸系統、甲狀腺、皮膚。

寅時睡得熟，色紅精氣足：肺朝百脈。肝在丑時把血液推陳出新之後，將新鮮血液提供給肺，通過肺送往全身。所以，人在清晨面色紅潤，精力充沛。寅時，有肺病者反映最為強烈，如劇咳而醒。如果無法入睡、喝杯溫開水，或按摩肺經的原穴太淵穴，有助於止咳。肺入七魄。（註4）

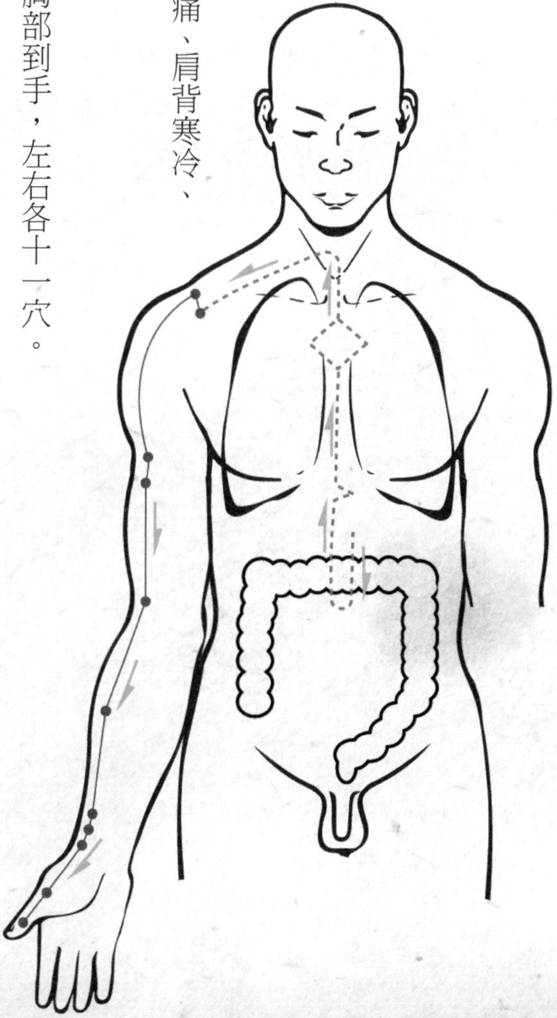

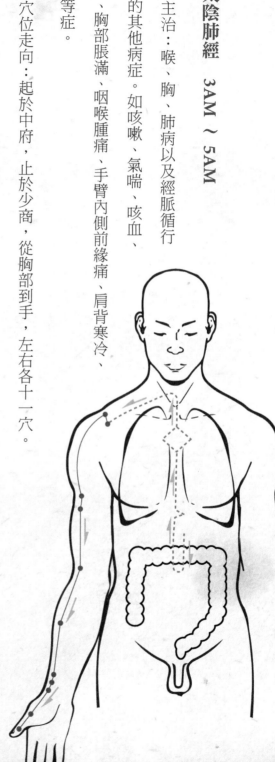

手陽明大腸經　5AM ~ 7AM

主治：腸胃病、腹痛、腹瀉、便秘、痢疾、頭面五官疾患、咽喉病、熱病、皮膚病、神經失調、經脈循環等病症。

穴位走向：起於商陽，止於迎香，從手到足，左右各二十穴。

原穴是合谷穴。

對應的器官：結腸、直腸、上呼吸道、口腔。

卯時大腸蠕，排毒渣滓出：肺與大腸相表裏，肺將充足的新鮮血液佈滿全身，緊接著促進大腸進入興奮狀態，完成吸收食物中的水分和營養、排出渣滓的過程。清晨起床後最好喝杯溫開水，然後排便，如果大便不容易排出，按摩手的中指和食指，從指根向指尖推，能幫助迅速排便。（註4）

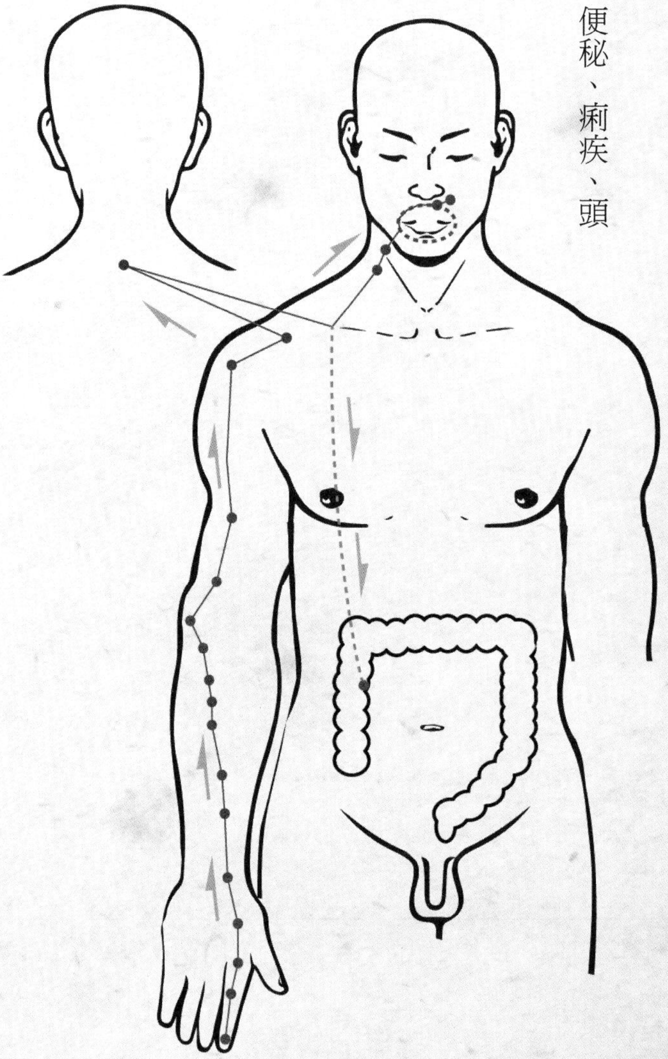

足陽明胃經　7AM ~ 9AM

主治：胃腸病、頭面、目、鼻口、齒痛、神經及經脈循行部位的其他病症。如腸鳴、腹脹、水腫、胃痛、嘔吐或消穀善飢、口渴、咽喉腫痛、鼻血、胸部及膝等本經循行部位疼痛等病症。

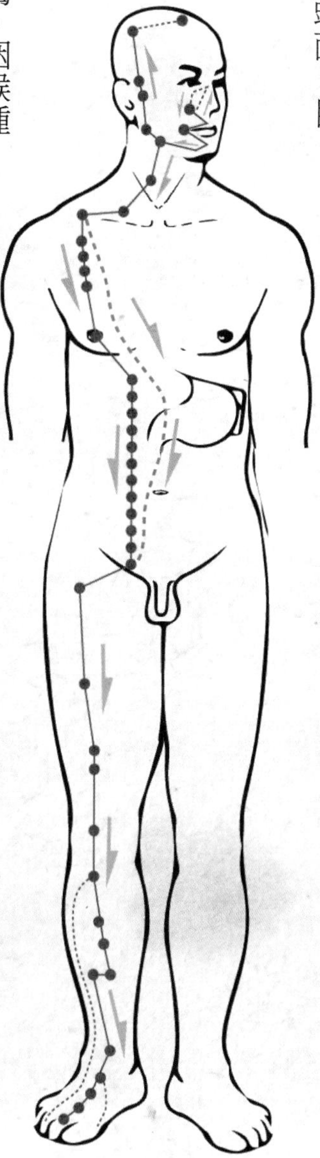

穴位走向：起於承泣，止於厲兌，從頭到腳，左右各四十五穴。

原穴是衝陽穴。

對應的器官：胃、乳腺、膝關節。

辰時吃早餐，營養身體安：人在此時段吃早餐最容易消化，吸收也最好。此時一定要吃早餐，否則不僅身體得不到必要的營養補充，而且容易導致午餐過食而發胖。早餐可安排溫和養胃的食品。（註4）

足太陰脾經　9AM～11AM

主治：脾胃病、婦科、前陰病及經脈循行部位的其他病症。如：胃絞痛、食則嘔、噫氣、腹脹便溏、黃疸、身重無力、舌根強痛、下肢內側腫脹、厥冷等。

穴位走向：起於隱白，止於大包。從腳到腹部，左右各二十一穴。

原穴是太白穴。

對應的器官：免疫系統、內分泌、腫瘤、結石。

巳時脾經旺，造血身體壯：脾主運化，脾統血。脾是消化、吸收、排泄的總調度，又是人體血液的統領。脾開竅於口，其華在唇。脾的功能好，消化吸收好，血液質量好，所以嘴唇是紅潤的。唇白表示血氣不足，唇暗、唇紫表示寒氣入脾經。如果脾胃不和，消化吸收不好，會導致記憶力下降等。這段時間脾經開穴運行的時間段，也是護脾最好的時段，可以按摩脾經。（註4）

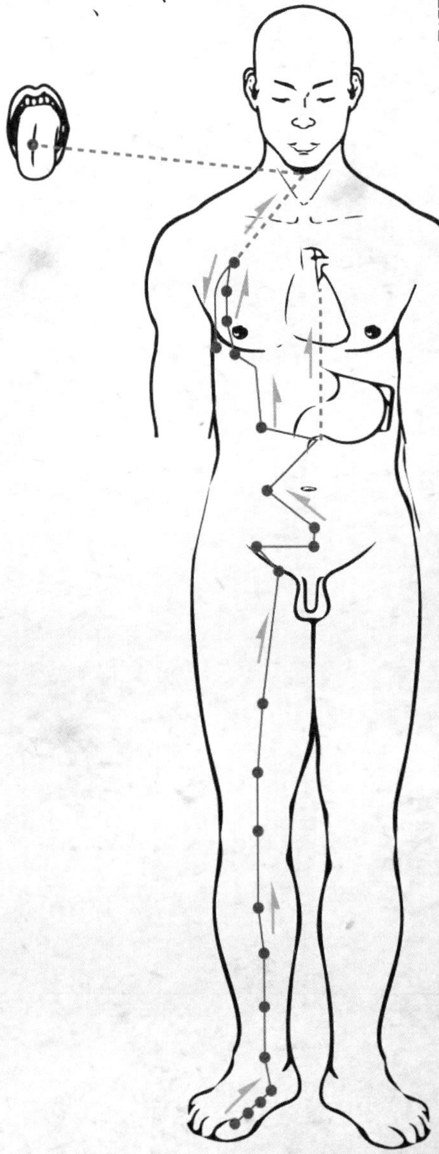

手少陰心經　11AM～1PM

主治：心、胸及神經以及經脈循行部位的其他病症。如心痛、咽喉乾、口渴、目黃、肋痛、上臂內側痛、手心汗熱等。

穴位走向：起於極泉，止於少衝，從胸到手，左右各九穴。

原穴是神門。

對應的器官：心臟、血管、大腦、神經。

午時一小憩，安神養精氣：心主神明，開竅於舌，其華在面。心氣推動血液運行，養神、養氣、養筋。人在午時能睡片段，對於養心大有好處，使下午至晚上精力充沛。建議午睡十分鐘至一小時。（註4）

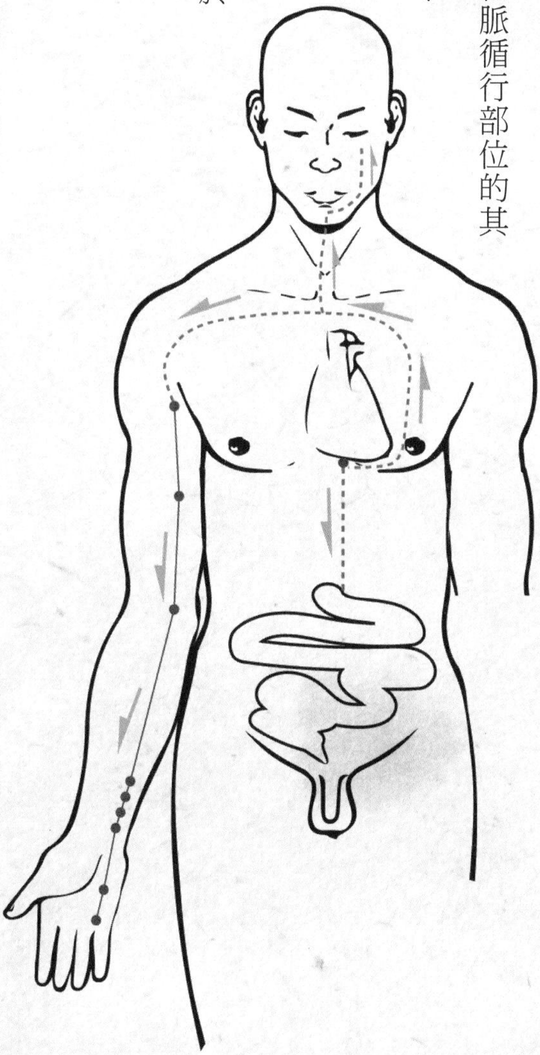

手太陽小腸經　1PM～3PM

主治：頭、頸、耳、目、咽喉病、熱病、神經痛以及經脈循行部位的其他病症。如小腹痛、腰脊痛至睪丸、耳鳴、目黃、頰腫、咽喉腫痛、肩臂外側後痛等。

穴位走向：起於少澤，止於聽宮，從手到頭，左右各十九穴。

原穴是腕骨穴。

對應的器官：十二指腸、空腸、回腸、肩關節。

未時分清濁，飲水能降火：小腸分清濁，把水液歸於膀胱，糟粕送入大腸，精華上輸於脾。小腸經在未時對人一天的營養進行調整。如小腸有熱，人會乾咳、排屁。

此時多喝水喝茶，有利小腸排毒素降火。這段時間是小腸經開穴運行的時間，也可以按摩小腸經。（註4）

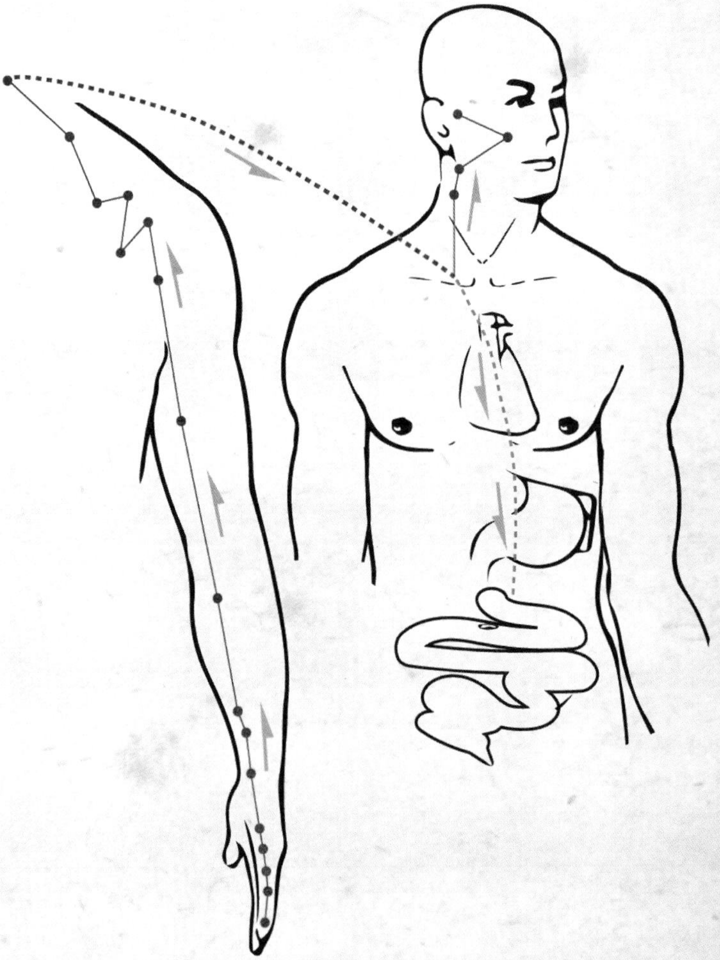

足太陽膀胱經　3PM～5PM

主治：感冒、發燒、各種急慢性支氣管炎、哮喘、肺炎、以及消化系統的疾病。如消化不良、腹痛、胃潰瘍、急慢性胃腸炎、肝炎、膽囊炎，泌尿系統的腎炎、閉經、月經不調、盆腔炎、子宮頸糜爛，以及腰背痛、坐骨神經痛、關節痛等經脈所經過部分的肌肉痛。

穴位走向：起於睛明，止於至陰，從頭到足，左右各六十七穴。

原穴是京骨穴。

對應的器官：脊椎、泌尿、生殖系統、關節。

申時津液足，養陰身體舒：膀胱貯藏水液和津液，水液排出體外，津液循環在體內。若膀胱有熱致膀胱咳，且咳而遺尿。申時人體溫較熱，陰虛的人最為突出。此時適當的活動有助於體內津液循環，另外要多喝水，多排尿，此時不宜憋尿，並且常按摩膀胱經。（註4）

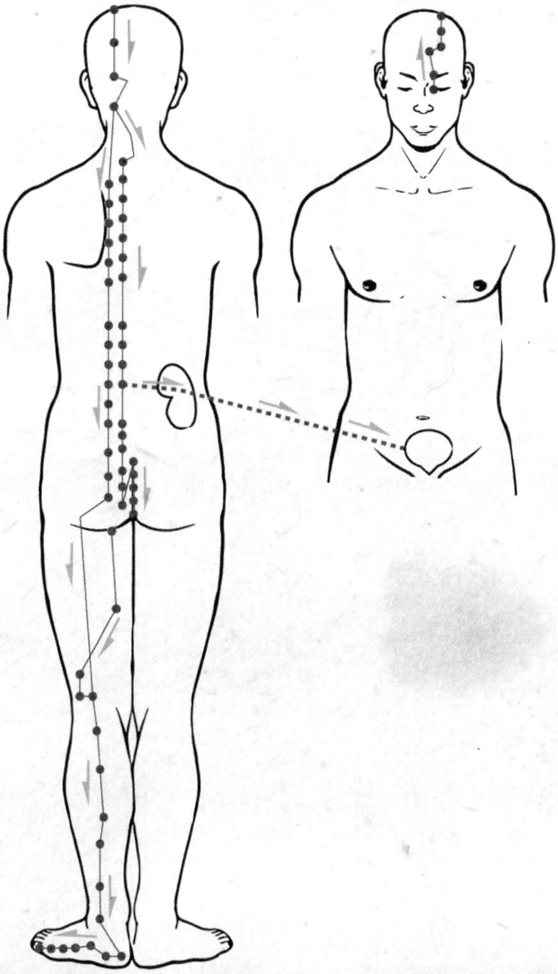

足少陰腎經　5PM ~ 7PM

主治：婦科、前陰病、腎、肺、咽喉病及經脈循行部位的其他病症。如：咳血、氣喘、舌乾、咽喉腫痛、水腫、大便秘結、腰痛、脊骨內後側痛、痿弱無力，足心熱等證、泄瀉。

穴位走向：起於湧泉，止於俞府，從足到腹部，左右各二十七穴。

原穴是太溪穴。

對應器官：生殖、泌尿系統、腰、腦、耳、骨骼系統。

酉時腎藏精，元氣清：腎藏生殖之精和五臟六腑之精。腎為先天之根。人體經過申時洩火排毒，腎在酉時進入貯藏精華的階段。此時不宜太強的運動量，也不宜大量喝水。（註4）

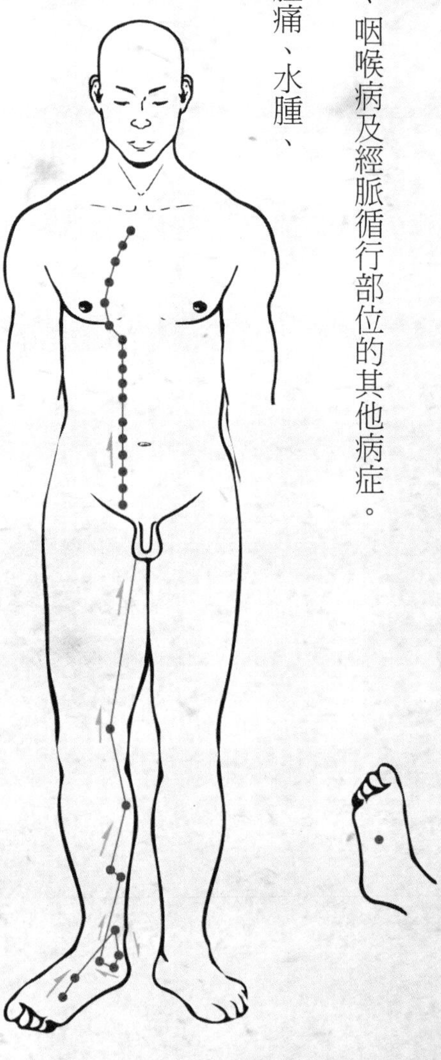

手厥陰心包經　7PM ～ 9PM

主治：心、胸、胃、神志以及經脈循行部位的其他病症。如心痛、胸悶、心悸、心煩、癲狂、腋腫、手肘筋攣急炎等症。

穴位走向：起於天池、止於中衝，從胸到手，左右各九穴。

原穴是大陵穴。

對應的器官：心臟、血管。

戌時護心臟，減壓舒暢：心包為心之外膜，附有脈絡、氣血通行之道。邪不能容，容之心傷。心包是心的保護組織，又是氣血通道。心包經戌時最興旺，可清除心臟周圍外邪，使心臟處於完好狀態。此時一定要保持心情舒暢：釋放壓力、看書、聽音樂、散步。最好不要劇烈運動，否則容易失眠。也可以在這個時候按摩心包經，對於心臟有疾病的人更好。（註4）

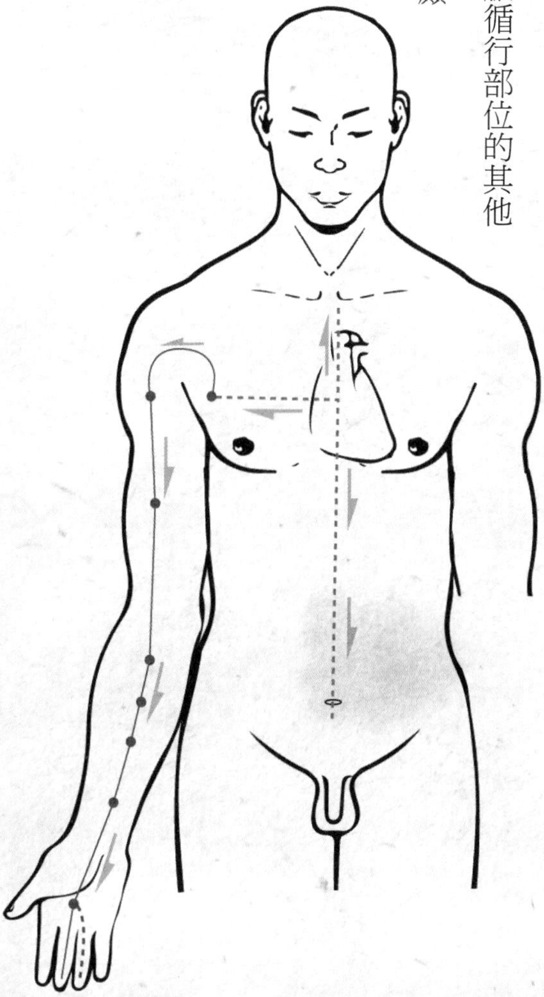

手少陽三焦經　9PM～11PM

主治：側頭、耳、目、胸肋、咽喉病、熱氣以及經脈循行部位的其他病症。如腹脹、水腫、遺尿、小便不利、耳鳴、咽喉腫痛、目赤腫痛、頰腫、耳後、肩臂肘部外側疼痛等症。

穴位走向：起於關衝，止於絲竹空，從手到頭，左右各二十三穴。

原穴是陽池穴。

對應的器官：淋巴系統、炎症。

亥時百脈通，養身養容：三焦是六腑中最大的腑，具有主持諸氣，疏通水道的作用。亥時三焦能通百脈。人如果在亥時睡眠，百脈可得到最好的休養生息，對身體十分有益。一定不要晚於二十三點入睡。（註4）

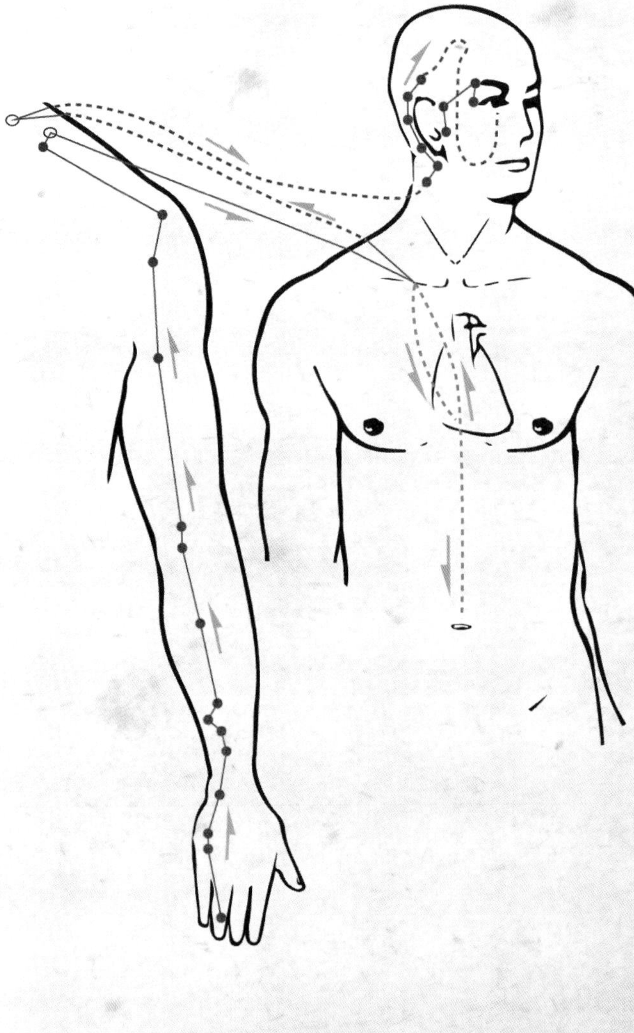

足少陽膽經　11PM～1AM

主治：側頭、眼、耳、咽喉痛、神經痛及經脈循行部位的其他病症。如口苦、目眩、頭痛、頷痛、骨盆部腫痛、腋下腫、胸、肋、股及下肢外側痛、足外側痛、足外側腫等症。

穴位走向：起於瞳子髎，止於足竅陰，從頭到足，左右各四十四穴。

原穴是丘墟穴。

對應的器官：膽囊、膽道、神經、微血管、呼吸道。

子時睡得足，黑眼圈不露：理論認為肝之餘氣，泄於明膽，聚而成精。人在子時前入眠，膽方能完成代謝。「膽汁有多清，腦就有多清。」子時前入睡者，晨醒後頭腦清晰、氣色紅潤，沒有黑眼圈。反之，常於子時內不能入睡者，則氣色青白，眼眶昏黑，容易生成結石。子時上床睡覺，有利於骨髓造血。（註4）

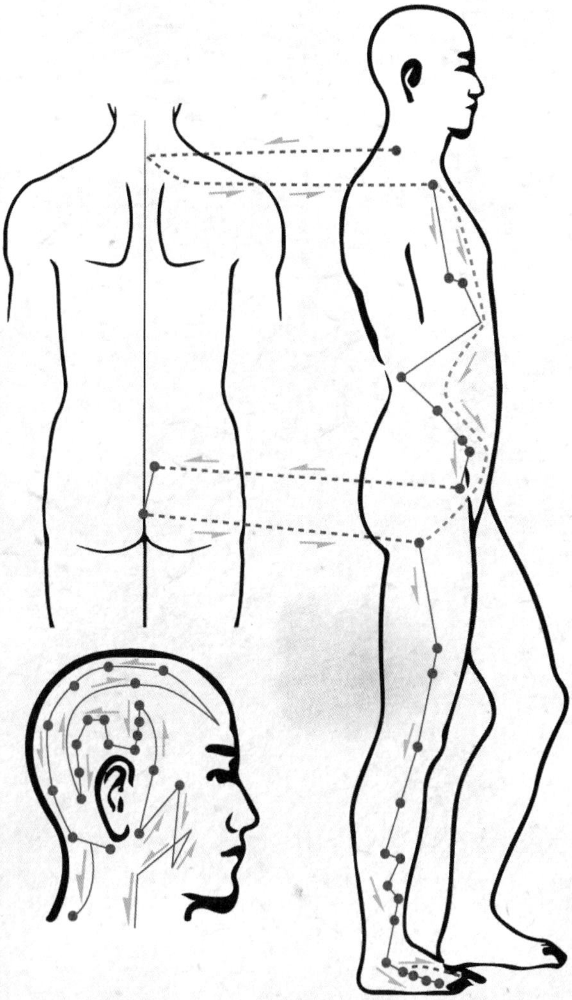

足厥陰肝經　1AM～3AM

主治：肝病、婦科、前陰病以及經脈循行部位的其他病症。如腰痛、胸滿、呃逆、遺尿、小便不利、疝氣、小腹腫等症。

穴位走向：起於大敦，止於期門，從足到腹部，左右各十四穴。

原穴是太衝穴。

對應器官：肝臟、眼、生殖器、神經、筋膜。

丑時不睡晚，臉上不長斑：中醫理論認為：肝藏血。入三魄。人臥則血歸於肝。如果丑時不能入睡，肝臟還在輸出能量支持人的思維和行動，就無法完成新陳代謝。所以丑時前未能入睡者，面色青灰，情緒怠慢而躁，易生肝病，臉色晦暗長斑。此時必須進入熟睡狀態，讓肝臟得到最充足能量。（註4）

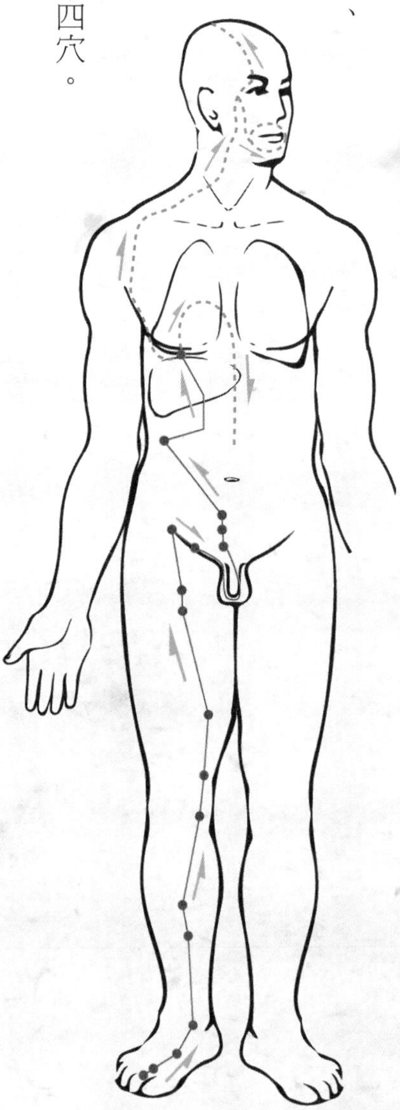

任脈

介紹：任脈承擔周身陰脈的總都統，故稱為陰脈之海。任督兩脈原屬於奇經八脈，因具有明確穴位，醫家將其與十二正經脈合稱十四正經脈。任脈主血，督脈主氣，為人體經絡主脈。任督兩脈若通，則八脈通；八脈通，則百脈通，進而能改善體質，強筋健骨，促進循環。

主治：前列腺炎、陽痿、早泄、盆腔炎、白帶病、胃痛、消化不良、胃潰瘍、失眠、胸悶氣短、腰疼。

穴位走向：起於會陰，止於承漿，自下而上，共二十四穴。

對應器官：泌尿系統、生殖系統、消化系統、腸胃、心臟等。

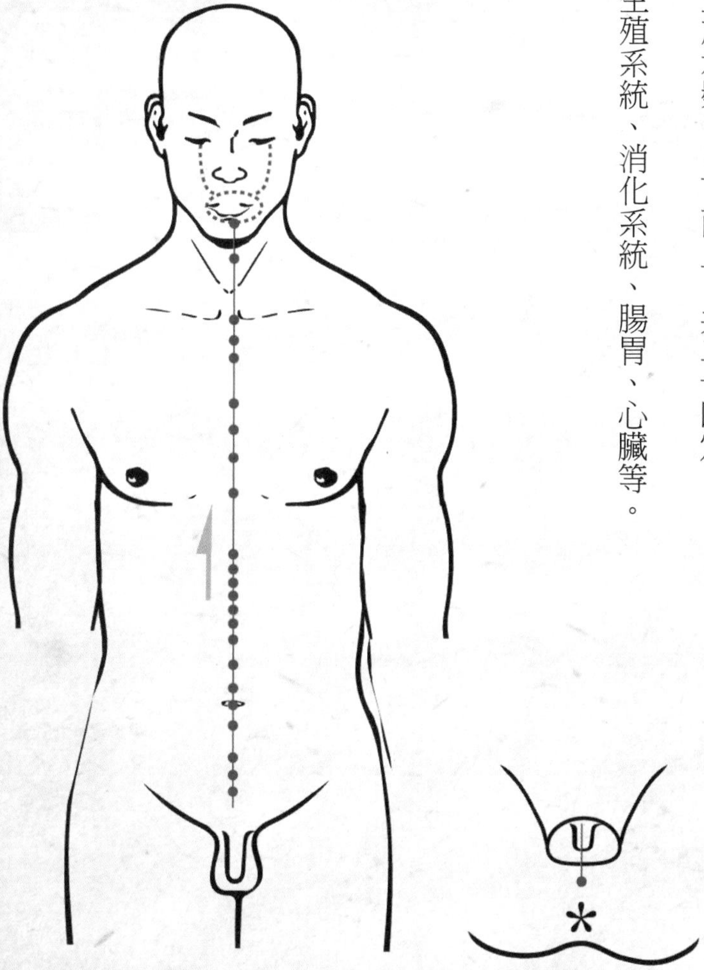

任督二脈上的穴道如果在相應的時辰內受傷後，會引起運程的突發之事或身體上的各類狀況。一旦失於治療或治療不當，則往往造成嚴重後果。

十二時辰任脈、督脈不能點打的穴道：

舉例來說，在子丑二時，不能重力點打鳩尾、膻中、玉常、紫宮、華蓋、璇璣、天突等穴道。否則勢必使氣血瘀滯於經絡穴道。輕者，局部出現痠、麻、脹、痛，有如觸電。重者，經穴閉陰，氣血瘀滯，疼痛難忍，倘可使人半身或周身麻木，呈呆滯狀態，甚至立即昏迷、死亡。（註5）

督脈

介紹：督脈承擔周身陽脈的總都統，所以又有陽脈之海之說。任督兩脈原屬於奇經八脈，因具有明確穴位，醫家將其與十二正經脈合稱十四正經脈。任脈主血，督脈主氣，為人體經絡主脈。任督兩脈若通，則八脈通；八脈通，則百脈通，進而能改善體質，強筋健骨，促進循環。

主治：脊柱病、腰肌勞損、腰間盤突出、強直性脊柱炎、頸椎病、頭痛、中風、失眠多夢、記憶力衰退、退化性關節炎、膽囊炎。

穴位走向：起於長強，止於齦交，自上而下，共有二十八穴。分布於人體背部中線。

對應器官：脊柱、腰、頸椎、消化系統。

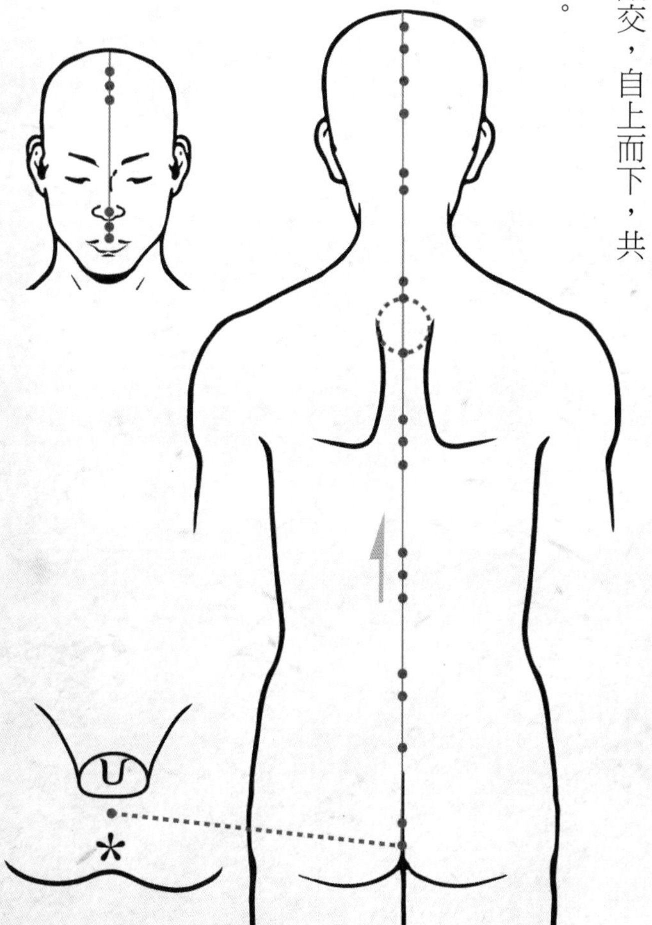

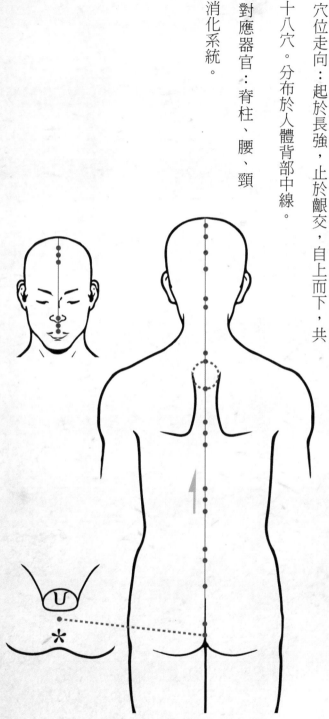

任督二脈上的穴道如果在相應的時辰內受傷後，會引起運程的突發之事或身體上的各類狀況。一旦失於治療不當，則往往造成嚴重後果。

十二時辰任脈、督脈不能點打的穴道：

舉例來說，在子丑二時，不能重力點打鳩尾、膻中、玉常、紫宮、華蓋、璇璣、天突等穴道。否則勢必使氣血瘀滯於經絡穴道。輕者，局部出現痠、痲、脹、痛，有如觸電感覺。重者，經穴閉陰，氣血瘀滯，疼痛難忍，倘可使人半身或周身痲木，呈呆滯狀態，甚至立即昏迷、死亡。（註5）

奇經八脈

奇經八脈是督脈、任脈、衝脈、帶脈、陰維脈、陽維脈、陰蹻脈、陽蹻脈的總稱。由於它們的分布不像十二經脈那樣規則，與臟腑無直接的「屬絡」關係，彼此之間亦無表裏配合，故稱之為奇經八脈。它們縱橫交錯於十二經脈之間，具有加強經脈間聯繫，調節經脈氣血的作用。當十二經脈中的氣血滿溢時，會流向並儲蓄於奇經八脈，不足時則由奇經八脈補充。奇經八脈與肝、腎等臟，以及女子胞、腦、髓等奇恆之腑的關係較為密切，它們之間在生理病理上均有一定聯繫。

奇經八脈	循行走向	功能
督脈	始於會陰，上行背部正中至人中。	與手足三陽經及陽維脈交會，能總督一身之陽經，故又稱「陽脈之海」。督脈又行於脊裏，上行至腦，並從脊裏分出，屬腎，因此與腦、脊髓和腎關係密切。又稱「陽火」
任脈	始於會陰，行於胸腹正中線，上抵面頦部。	任脈與手足三陰經及陰維經交會，能總任一身之陰經，故又稱「陰脈之海」。又謂「癸水」。
衝脈	始於會陰，由子宮向上至胸與咽。	衝脈有總領、調節十二經脈氣血的作用，故稱「十二經之海」，又稱為「血海」，同時與婦女胞宮供血、月經有密切關係。

帶脈	帶脈起於季脅之下，斜向下行至帶脈穴，環繞腰部一周。	帶脈約束聯繫縱行於軀幹部的諸條足經，並有固護胎兒和控制婦女帶下的作用。
陰維脈 陽維脈	由頭面部到足踝。	聯繫陰經與陽經，分別主管一身之表裏。
陰蹻脈 陽蹻脈	由頭面部到足踝。	主持陽動陰靜，共統下肢運動以及寤寐。

衝、帶、維、蹻六脈的腧穴均寄附於十二經脈以及任、督二脈之中。只有任脈和督脈有其所屬腧穴，故與十二經脈合稱「十四經」，為經絡系統的主要部分。

參考資料：

註1：本段文字參考李經緯《內經圖》釋。

註2：本節文字參考網路文章〈武當丹脈密傳修真圖〉。

註3：本節文字參考網路文章〈五行之德〉。

註4：本段文字參考網路文章〈十二經絡走向動畫圖〉。

註5：本段文字參考網路文章〈十二時辰任督二脈的點打穴道及救治人身運程突發變異化解篇〉。

恭請宇宙至尊無極鴻鈞昊天混元聖祖

恭請　宇宙至尊無極鴻鈞昊天混元聖祖

正月初一聖誕　志心皈命禮（三稱十二叩首）

香讚

香焚寶鼎，炁達先天。手執清香天地清，至心香蓮花品。慈悲普度啟萬靈。無生之妙妙玄玄。太空無為有形先。空氣鑄成如水晶體。光明透澈無量天。一切色相包羅盡。群生養育廣結緣。或分或合咸不住。道化天人乃自然。

至心皈命禮

大慈大悲宇宙至尊無極鴻鈞昊天混元聖祖

無極聖祖，妙化上人，聖德巍峨，祖炁煌煌。混沌未開之初，氤氳幻育之時，虛虛幻幻，赫赫冥冥。受大自然之鼓盪，感萬億重之梵炁，孕育仙人，開天聖皇萬法祖師，靈傳劍宗，化三清而誕育五老，統萬靈而生天生地。處處通靈，生物生人，作宇宙萬靈之主，為仙凡普度之師。運玄機以合陰陽，施妙法而參造化，道冠無極，功臻先天大悲大願，至聖至仁。

無極萬法祖師，混沌開天始祖，混元古佛，玄玄上人，洪慈三期普度大天尊。（三稱十二叩首）

恭誦

玄玄上人大道真經

開經偈

無極大聖　混沌開天
孕育五老　分化三皇
生地生天　生人生仙
混玄一炁　化育萬千
統御萬靈　權衡群倫
功參造化　德配乾坤

開經讚

無極仙祖，利濟人天，三期普度演真詮，
苦海作慈船，恭誦虔誠，福壽廣增延。

皈命

無極萬法祖師，混沌開天始祖。混元古佛，玄玄上人，洪慈三期普度大天尊。（三稱十二叩首）

聖祖曰。鴻濛未闢，自有吾靈。歷經歲月至今，不知經幾甲子。化生無數星球，滅又生，壞又成，可知數之大，無可稽考也。如木公、老母、水精、赤精、黃老，皆由吾一炁所化。炁生大道，道生天地，天地生人生物，由此人生人，物生物，易殼投胎，而至於今，無有窮盡。無極者，義深而理微。太極者，玄妙而詮真。言無極之玄妙，以其至無而至有。談太極其理妙，以其至實而至虛。無者，無萬象森羅也。有者，有一性圓明也。養虛心，則同太極合。明實性，則與無極符。氤氳祖炁包藏太極之中，醞釀玄機，造化天地之成。太初一炁，玄而又玄，生天生地。無極一動，太極生焉。道炁盤旋，木公、金母，安爐置鼎，合煉丹鉛，妙法真詮，氣濁為地，氣清為天，生人生物，自此相傳。至今甲子，六萬多年，玄宗天地，萬物得其生。玄濟陰陽，萬物得其化。陰陽者，玄炁之所分，天地者，玄炁之所成也。

鴻濛既判，陰陽始分，天開地闢，乾坤定位。輕清之氣，上浮而為天，重濁之氣，下凝而為地。日月星辰佈於上，嶽瀆河海列於下。天以陽氣下降，地以陰氣上昇，陰陽交會，雲雨施行，然後化生萬物，變化無窮焉。

乾天屬陽，坤地屬陰，父精母血，結成胎元。無異於天地，陰陽之交會也，受天地之靈氣，假父母而成形。故出母胎即稱謂人，或男或女，生生不息。天之所生謂之人，天之所賦謂之性。性賦於天，氣承於地，人得五行之秀，精氣神之三寶，而物僅得五行之偏，故人為萬物之靈也。

天以一而生陽，陽靜而虛，地以二而生陰，陰動而實。陰陽相合，天地覆載，萬物生其內，人得三而生，性賦於天特厚，命立於地獨優。故人能窮天地之義理，察陰陽之生機。若能守一抱元，盡性修命，群陰消盡，純陽自生，克復未生本來面目，以還先天而歸無極。

道者，玄氣之元宗，所以人與物，無氣則死。氣者，人身之基本，是故心與性，有道乃明。天地者，陰陽旋轉之實體。萬物者，造化變化之根基。形者，山川草木之屬。象者，日月星辰之類。動者陽之剛，靜者陰之柔。生育萬物者，天也地也。道濟眾生者，佛也聖也。天地之間皆道，唯道之外無物，物之外無道，歸一之無極也。

道者，太空之真氣無體無極，天地為之所創造。道者，人物之至寶，無聲無色，萬物為之所生成。視之不見，聽之不聞，其大無外，其小無內，充滿天地之間，彌羅六合之內。道何而來乎，由先天無極而來也。道何所生乎，由先天氣胞所生也。玄機妙奧，隱顯莫測。道在先天，生陰生陽，唯有靜動，包羅萬象。道在後天，生人生物，唯有靈性，包涵萬有。統三才，而崇理氣。應五行，而順造化。道之大也，無可形容，猶如天地至高至厚，喻道之高與厚也。道之宏也，難以比喻，猶如日月至光至明，喻道之光與明也。先天無極之道，至微至細，包乎天地陰陽。勤心修之，可由後天而返先天。先天者，靈性也。後天者，軀殼也。靈性投自母胎，名曰先天，軀殼出自母身，名曰後天。無為大道，專在陰陽，變化四時，配合五行，故洞徹陰陽之理，而修鍊性命之全。小則可以益壽延齡，大則可以證聖成真。

何以自古以來，修道者多，成道者少，考其原因，修道者不知其理，參禪者不知其法，盲修瞎鍊，以訛傳訛，或入左道，以採陰補陽，或入岐途，以鍊精運氣。眾生不得其道者，欲心未靜也。萬物不得其理者，靈性早泯也。以致未得歸真，枉費歷年工夫。

心者，有形之物，諸根須靜。性者，無形之體，萬物宜空。三才之品，人為貴，勤學玄機而脫俗。萬物之生，道為寶，修鍊汞鉛而證聖。修道之士，讀書識禮，先行善而後修道。先養性而後明心，內修其心，外行其善。心能修，當得其靜。善能行，當得其正。心靜則通神，身正則性明。外造功，內立果，期功成果滿，好赴龍華盛會。

先天之祖炁，修道者，不可不養也。人身未生以前，一點太極而已。既出母胎以後，一點元陽而已。性依此祖炁以為主，命得此祖炁而不壞。性命之道，玄妙無窮。性者理也，在天為理，賦之於人為性。氣者命也，在天為氣，授之於人為命。性在人，而命在天。性屬陽，而命屬陰。命不離性，性不離命，理不離氣，氣不離理。故性命不離天人，天人不離理氣，理氣不離太虛，體天道之化育也。

天地間，有形斯有氣，有氣斯有理。理之所在，性即具焉。性之所在，命及凝焉。性命之所在，大道即生焉。道在理氣，理不通，氣不聚，未可言道。道在性命，性不養，命不修，不足為道。先天之道，一炁而已矣。性之於人，或優或劣，命之於性，或短或長。養性克復先天之命，必須消除邪念。修命保全後天之性，務宜靜鍊玄功。外對境以忘情，內以空而絕欲。性命雙修，以臻功用。培養先天祖炁，方得入法之門。修命者鍛鍊精氣神三寶，以復其命也。精不漏洩，氣不虧耗，神不消散，修命之功也。神氣和合，永不分離，久聚靈光於不散，自然得陰陽二炁，融合一團。水火相濟，陰陽和順，久之大丹必成也。

養性者，不著於空，不著於色，行行自在。不著於實，不著於虛，處處消遙。邪念不萌，欲心不動，真理常靜，智慧自生。萬物皆空，而性自明。一塵不染，而性自見。培養祖炁，認明本來先天靈性也。勤鍊大丹，氣無主，未能成。溫養妙藥，神不守，難得就。先天大道，離中之靈曰性，坎內之氣曰命。初必養性以全真，次則修命以格物。天人性命之學，三教聖人傳世久矣。

自古至今，修道之士，幾箇能知真理，通達其道。命在天，性在人，兩儀之祖炁也。時時不忘根本，刻刻常存心性，久久自明矣。由靜而虛，使我祖炁朝元歸於兩儀，而返太極，謂之還原。從太極而入無極，返本復命歸根也。

坐禪之道者，陰陽造化之理也。得玄運法，可以長生，盲修瞎鍊，亦可致命。參禪者，有回生起死之力，有超凡入聖之功。參禪學道，修心養性，談之甚易，行之猶難。玉版者，其中皆有妙奧玄機。參禪者，學道最寶貴之物也。坐不可不正，坐不正則氣不能調平。坐不可不誠，坐不誠則性不能光明。坐不可不默，坐不默則心不能虛空。坐不可不靜，坐不靜則神不能充凝。氣平可得息通，性靜可得命固，心空可得神守，神凝可得氣接。於是神守於內，氣接於中，命固於爐鼎，息通於任督。血氣調和，水火相濟，虛中之靈，歸於一竅。寂中之妙，聚於玄關，河車之路通矣，尾閭之關接矣。真炁凝結於丹田，何患乎九轉大丹鍊不成也。

自古三教聖賢，留有書典傳世，如太上清靜經、呂祖指玄篇、釋迦金剛經、孔夫子易經。其秘奧玄機，雖散之萬殊，歸為一本。倘能依法修持，皆能超生脫死，證聖成真，輪迴永免，快樂自在。

靜坐之理，最要寡欲。靜神鍊功之道，不外存誠去妄。靜坐參禪，身心定靜，無念為宗，清靜為旨。明心養性，諸惡不染，得悟性命精微之理，能明陰陽消長之機，可以去人欲之私，可以全天理之正。

休為名利蔽之，以亂其性。莫使物欲擾之，以動其心。心者，身之主。性者，命之原。是故此心若失，此身亦傾。斯性若亡，斯命亦絕。心不靜，參禪不能通神，性不純，鍊道難得受益。學不老之法，只有靜觀。鍊不死之功，惟有絕念。外除六賊，內消七情，鍊丹以通正竅，參禪而達玄關。若修持不得法，最易走火入魔，故修道者，不可不慎矣。

靜坐參禪之時間，以子午卯酉為宜。子時為陰極陽生之候，午刻為陽極陰生之時。此時靜坐，靜心養性，得奪天地之正氣，並運造化之真靈。歲月日久，三寶不壞，由神鍊成純陽之體，由氣化為純真之氣，由氣還到清靜之虛，凡骨超而聖胎結矣，庶幾大丹可成也。

際此三期，大道宏開，不論在家出家，皆可修鍊大道。修道者，貴在能耐，耐而能久。參禪者，貴在能勤，勤而能堅。不可迷惑酒色，不可沉淪名利，培其精氣，養其真元。行忠孝廉恥，以修其身。鍊陰陽造化，以悟其道。樂善以建外功，參禪而培內果。內果之得，在乎勤鍊。外功之建，在乎勇為。身不修，則業障難消。禪不鍊，則大道難證。積產蓄財，虛度光陰，原非上策。鍊道參禪，珍惜歲月，方為良謀也。

午運延康降真經　龍華普度救殘靈

晨昏虔誦玄機悟　道岸非遙路可登

靜參陰陽超凡骨　佈施積德了俗情
果修八百登金闕　功立三千上玉清

完經偈

經功誦圓滿　消災百福增
神仙長庇佑　家庭獲安寧
向善修因果　願求慧智生
勤心參玉版　學道望早成

完經讚

無極一炁，旋轉鴻濛，演道談玄挽頹風。苦海作慈航，聖德無窮，開覺大道通。

皈命

無極萬法祖師，混沌開天始祖，混元古佛，玄玄上人洪慈三期普度大天尊。（三稱十二叩首）

玄玄上人大道真經終。

天地一太極，人身一太極，太極本為一，因心成大小，因意成內外，若能去此心意豈有內外之分、你我之別。天地既無盡，靈性豈有盡，盡去諸般相，天地並歸一元，何來你我之別。所以唯要忘我，始可重歸一元，天地不傷，我自不傷，天地不敗，我自不敗，唯要忘我、天人合一。

元然理天王

元然理天王 相關影片

安座祈福法會

生機 - 宇宙塔（達真善美境界）

玄功周天功法

天官賜福法會

點龍穴

聖祖與天國世界

佛螺髻髮 - 碑文 - 舍利子

根本

元然理天王教你從後天修回先天，讓身心靈達至真善美境界

作　　者／元然理天王（陳致宏）
編輯統籌／元利文化有限公司董事長趙國瑩
出版策畫／上海華夏傳承資產管理有限公司
　　　　　董事長 華夏
美術編輯／申朗創意
責任編輯／林孝蓁
企畫選書人／賈俊國

總 編 輯／賈俊國
副總編輯／蘇士尹
編　　輯／高懿萩
行銷企畫／張莉滎・廖可筠・蕭羽猜

發 行 人／何飛鵬
法律顧問／元禾法律事務所王子文律師
出　　版／布克文化出版事業部
　　　　　台北市中山區民生東路二段 141 號 8 樓
　　　　　電話：(02)2500-7008 傳真：(02)2502-7676
　　　　　Email：sbooker.service@cite.com.tw
發　　行／英屬蓋曼群島商家庭傳媒股份有限公司城邦分公司
　　　　　台北市中山區民生東路二段 141 號 2 樓
　　　　　書虫客服服務專線：(02)2500-7718；2500-7719
　　　　　24 小時傳真專線：(02)2500-1990；2500-1991
　　　　　劃撥帳號：19863813；戶名：書虫股份有限公司
　　　　　讀者服務信箱：service@readingclub.com.tw
香港發行所／城邦（香港）出版集團有限公司
　　　　　香港灣仔駱克道 193 號東超商業中心 1 樓
　　　　　電話：+852-2508-6231　　傳真：+852-2578-9337
　　　　　Email：hkcite@biznetvigator.com
馬新發行所／城邦（馬新）出版集團 Cité (M) Sdn. Bhd.
　　　　　41, Jalan Radin Anum, Bandar Baru Sri Petaling,
　　　　　57000 Kuala Lumpur, Malaysia
　　　　　電話：+603- 9057-8822　　傳真：+603- 9057-6622
　　　　　Email：cite@cite.com.my
印　　刷／韋懋實業有限公司
初　　版／ 2018 年 08 月
售　　價／ 480 元

城邦讀書花園 www.cite.com.tw　布克文化 WWW.SBOOKER.COM.TW